Für unsere Kinder

Regina Bestle-Körfer

Annemarie Stollenwerk

Regina Bestle-Körfer

Annemarie Stollenwerk

Unsere Jahreszeiten

Mit Bildern von

Susanne Krauss

KeRLE
bei Herder

Freiburg • Wien • Basel

Inhalt

Frühlingsspaziergang

Buschwindröschen

Die Sonnenstrahlen locken die Kinder hinaus. Es ist März und der erste warme Frühlingstag in diesem Jahr. Opa Willi geht mit Kathrin und ihrem kleinen Bruder Felix im Stadtpark spazieren. Miriam aus dem Nachbarhaus und ihr Hund Sally sind auch dabei. Fröhlich hüpfen die Kinder den breiten Parkweg entlang. Auf den Wiesen blühen gelbe und blaue Krokusse, Märzenbecher und ein paar lila Veilchen. Auf einem Ast sitzt ein Star. Die hellen Tupfen in seinem schwarzen Federkleid glänzen. „Der Star hat die kalte Zeit in Afrika verbracht. Nun ist er zurückgekehrt. Er sucht mit seinem Gesang eine Frau", sagt Opa. Das Wasser im Stadtparkteich glitzert im Sonnenlicht. Miriam entdeckt unter der Wasseroberfläche viele schwarze Pünktchen. „Was schwimmt denn da im Wasser?", fragt sie neugierig. „Die Grasfrösche haben über tausend Eier ins Wasser gelegt. Aus den Laichballen schlüpfen in ein paar Wochen Kaulquappen", erklärt Opa Willi. „Und aus jeder Kaulquappe wird einmal ein Frosch", weiß Miriam.

An den kahlen Bäumen sitzen viele Knospen. „Schaut mal, die sind aber dick", sagt Kathrin. Sie hebt einen Zweig mit einer Knospe vom Boden auf. „Das ist ein Kastanienbaum!", ruft Felix, als er unter dem Baum eine schrumpelige Kastanie findet. Er untersucht die Knospe mit den Fingern und schreit: „Hilfe, ich klebe fest!" Alle lachen. Kathrin öffnet die Knospe. Ein klein gefaltetes, hellgrünes Blatt kommt zum Vorschein. „Stellt euch vor", sagt Opa, „aus diesen kleinen Frühlingspäckchen werden bald große Kastanienblätter."

Die gelblichen Blüten des Huflattich zeigen sich, sobald es warm wird. Er blüht im März und April und zeigt an, dass der Frühling endlich begonnen hat.

Eine dicke Hummel fliegt aus einem Erdloch. Sie taumelt durch die Luft. „Ist die Hummel gerade aufgewacht?", will Felix wissen. „Du hast sie sicher mit deinem Geschrei aufgeweckt!", kichert Miriam. Die Kinder entdecken unter den Bäumen einen Teppich aus weißen Buschwindröschen. Auch die knallgelben

Blüten vom Scharbockskraut leuchten in der Sonne. Opa findet den ersten Huflattich im Gestrüpp. Er sagt: „Wenn der Huflattich blüht, ist der Frühling da."

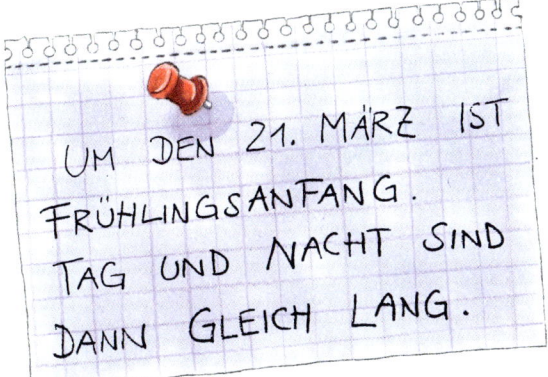

Um den 21. März ist Frühlingsanfang. Tag und Nacht sind dann gleich lang.

Hummeln bauen ihre Nester im Boden, gerne in verlassenen Mauselöchern. Nur die Hummelköniginnen haben den Winter überlebt. Sie suchen sich einen Unterschlupf und gründen einen neuen Staat.

Frühling auf dem Feld

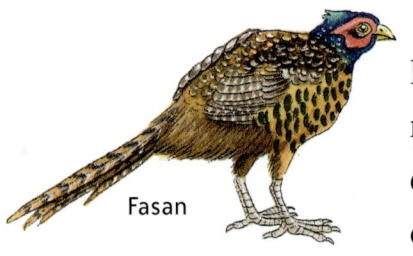
Fasan

Kathrin und Felix machen mit Mama die erste Fahrradtour in diesem Jahr. Die Luft ist noch kühl. Hinter den Häusern beginnen die Felder. Auf den frischen grünen Wiesen weiden die Kühe. Felix entdeckt den Traktor von Bauer Hansen auf dem Feld. Der Pflug lockert die feste Erde und bereitet sie auf die Frühlingssaat vor. Bauer Hansen sät Weizen und Hafer auf seine Felder. Ein großer, brauner Vogel kreist mit weit ausgebreiteten Schwingen über ihnen. „Ein Mäusebussard", sagt Mama. „Mit seinen scharfen Augen sieht er die kleinste Maus." Am Feldrand entdeckt Kathrin einen rot-braunen Vogel mit langen Schwanzfedern. Die Federn auf seinem Kopf schillern blau und grün. „Den kenn ich!", ruft Kathrin. „Das ist ein Fasan!"

Magst du Haferflocken? Erst im März sät der Bauer den Hafer auf das Feld, denn er verträgt keinen Frost. Roggen und Winterweizen werden schon im Spätherbst ausgesät.

Hafer, Gerste und Weizen sind die Getreidearten, die bei uns am häufigsten angebaut werden.

Mit seinem Schnabel pickt der Fasan Samen aus der braunen Erde. Kathrin legt den Finger auf den Mund. „Zwei Hasen!", flüstert sie aufgeregt. „Vielleicht sitzen hier in der Nähe ihre Jungen. Jetzt ist Babyzeit bei den Tieren hat Opa Willi erzählt." Die Kinder schauen, wie die Hasen über die Felder springen und Haken schlagen. Manchmal bleiben sie stehen und recken ihre langen Löffelohren in die Luft. Dann kauern sie sich fest auf den Boden und sind mit ihrem braunen Fell im Feld kaum zu erkennen.

Auf dem Feldweg winkt Bauer Hansen von seinem Traktor und fragt: „Wollt ihr kleine Lämmer sehen? Auf meiner Weide ist ein Schäfer mit seiner Schafherde zu Besuch." Schon von weitem sehen sie die riesige Herde. Ein Lämmchen steht noch ganz wackelig auf den Beinen. Es blökt laut. Sofort kommt die Mutter und lässt das Kleine an ihren Zitzen trinken. Der Schäfer hat ein kleines Lamm auf seinen Arm genommen. Kathrin und Felix dürfen es streicheln. „Ganz flauschig ist das Fell", sagt Kathrin. „Sogar die Zunge ist weich", ruft Felix, als das Lamm ihm die Finger leckt.

Feldhasen bekommen zwei bis vier Junge. Die Kleinen können von Geburt an sehen. Nach vier Wochen sind sie selbstständig und verlassen die schützende Sasse (eine Erdmulde).

Wir feiern Ostern

Salweidenkätzchen

Im April ist das Wetter launisch. Eben noch hat es geregnet, kurz darauf scheint wieder die Sonne. Die Forsythiensträucher leuchten gelb und die Weidenkätzchen blühen. Bald ist Ostern. Papa und Miriam fahren mit dem Fahrrad in den Wald. „Ich würde zu gerne den Osterhasen sehen", sagt Miriam. Im Wald sammeln sie frisches Moos. Auf einer Lichtung entdeckt Miriam zwei Kaninchen. Sie sitzen im grünen Gras zwischen Gänseblümchen und gelbem Löwenzahn. Sie haben kleine Ohren und einen runden Kopf. Sie putzen ihr Fell.

Zu Hause erzählt Miriam: „Den Osterhasen haben wir nicht gesehen, aber zwei süße Osterkaninchen!" Mama bindet aus Weidenzweigen ein Osternest. Dort legt Miriam ihr Moos hinein.

Am Karfreitag wird alles für das Fest vorbereitet. Mama bläst Eier aus und Miriam malt sie an. Papa schmückt Zweige aus dem Garten mit den bunt bemalten Eiern. Miriam backt mit Mama ein Osterlamm in einer Lammbackform und bestäubt es mit Puderzucker. Nach dem Eierfärben legt Miriam alle farbig glänzenden Eier ins Osternest.

Am Ostersonntag kommen Oma Kathi und Opa Max zu Besuch. Die Sonne scheint und die Tulpen im Garten blühen. Die Amsel auf dem Dach zwitschert ein fröhliches Morgenlied. Miriam läuft mit ihrem Körbchen in den Garten. Sie findet gleich ein Osterei im Blumenbeet zwischen den leuchtend gelben Osterglocken und einen Schokoladenosterhasen zwischen den hellblauen Vergissmeinnicht. Im Sandkasten war der Osterhase auch. Was ist das? Da liegt ein Osterei im Weidenbaum! „Können Osterhasen klettern?", fragt Miriam erstaunt.

Papa lacht. Hat Sally auch Ostereier gefunden? Nein, Sally hat beim Buddeln in der Erde Mamas Schlüssel wieder gefunden.

In einer geschützten Ecke des Gartenhäuschens hat das Tagpfauenauge den Winter überstanden. Mit noch steifen und blassen Flügeln kannst du es durch die milde Frühlingsluft flattern sehen.

Zum Osterfrühstück gibt es selbst gebackenes Oster-
brot. Alle spielen Eierticken. Opas Osterei bleibt als Ein-
ziges ganz. Opa Max ist in diesem Jahr der Osterkönig.

Amseln gehören wie ihre
Verwandten die Singdrosseln zu
den besten Sängern. Es singen
nur die Männchen.

Das Wildkaninchen gräbt Gänge und Baue im Erdboden. Das Weib-
chen wirft bis zu zwölf Junge. Sie kommen blind und völlig hilflos
zur Welt.

Alles blüht!

Igel

„Miriam, komm schnell rüber!", ruft Kathrin. „In der Weißdornhecke sind Vogelküken!"

Auf Zehenspitzen schauen die Kinder ins Nest. Aus den hellblauen Eiern sind vier nackte kleine Vögelchen geschlüpft. Sie hocken im Nest und sperren hungrig ihre Schnäbel auf. Der Gimpelvater mit seinem leuchtend roten Bauch schlüpft in die Hecke. Schnell stopft er das Futter in die kleinen Schnäbel. Aus der Hecke piepst es. „Die Vogelbabys sind noch nicht satt", sagt Miriam. Da kommt auch das braune Gimpelweibchen mit Futter im Schnabel angeflogen. Im Garten steht der Apfelbaum in voller Blüte. In den rosa-weißen Blüten summen Bienen und Hummeln. Auch der Igel ist schon aus dem Winterschlaf erwacht.

Felix holt Tomaten- und Kohlrabipflänzchen aus dem Haus. Im März haben die Kinder die winzigen Samen in einen Topf mit Erde gelegt und auf der warmen Fensterbank keimen lassen. Ende April können sie im

geschützten Frühbeet an der frischen Luft weiterwachsen. Mit seiner Schaufel gräbt Felix Löcher ins Gemüsebeet und setzt die Pflänzchen hinein.

Ein dicker Regenwurm kriecht langsam aus der Erde. Vorsichtig nimmt Felix ihn in die Hand. „Hui, der kitzelt aber!", sagt er und setzt ihn zurück ins Beet. Miriam und Kathrin säen Sommerblumen. „Das hier werden gelbe Ringelblumen. Schau mal, wie ringelig die Samen aussehen!", sagt Kathrin. Mama und Felix drücken ein paar Sonnenblumenkerne in die Erde. Daraus wachsen im Spätsommer große Sonnenblumen.
In eine flache Schale am Beetrand legt Felix Salatblätter

Wusstest du, dass Bienen einen Rüssel haben? Sie saugen damit den süßen Nektar aus den Blütenkelchen. Dabei tragen sie auch den Blütenstaub von Blüte zu Blüte und bestäuben so die Pflanzen.

vom Mittagessen. „Die sind für die Schnecken. Vielleicht lassen sie dann unsere Pflänzchen in Ruhe." Die Sonne ist plötzlich hinter dunklen Wolken verschwunden. Ein heftiger Regenschauer rauscht vom Himmel. „Aprilregen!", ruft Mama. „Heute übernehmen die Regentropfen das Gießen."

Nackt- und Gehäuseschnecken kriechen im April aus ihren unterirdischen Verstecken. Ihre erbsengroßen Eier legen sie in Erdhöhlen. Dort schlüpfen nach wenigen Wochen die jungen Schnecken.

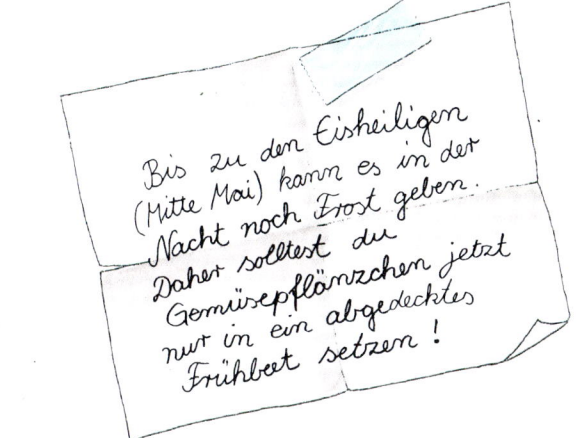

Bis zu den Eisheiligen (Mitte Mai) kann es in der Nacht noch Frost geben. Daher solltest du Gemüsepflänzchen jetzt nur in ein abgedecktes Frühbeet setzen!

Hinaus in den Frühling

Marienkäfer

Der Mai ist gekommen. Überall blüht und sprießt es. Die Vögel singen aus voller Kehle. Heute ist Maimarkt. Mama nimmt den großen Einkaufskorb. Sie möchte frischen Spargel, Salat, Radieschen und Frühlingszwiebeln vom Bauern kaufen. Miriam freut sich auf die Kinderkirmes.

Auf dem Maimarkt ist viel los. Eine Musikkapelle spielt. Es duftet nach Grillwürstchen und frischen Waffeln. Miriam probiert Kindermaibowle mit frischen Erdbeeren. Die Erdbeeren schmecken herrlich süß und prickeln auf der Zunge. Das Kinderkarussell dreht sich. Miriam sitzt auf dem Karussellpferd. Ein riesiger Maibaum steht mitten auf dem Marktplatz. Er ist mit bunten Bändern geschmückt. Der Blumenstand ist ein großes Blumenmeer. Mama kauft weiße Maiglöckchen und blaue Anemonen.

„Der Frühling ist meine liebste Jahreszeit", schwärmt Mama. Sie nimmt Miriam auf den Arm. Zusammen wirbeln sie im Kreis herum.

Die Eisdiele hat wieder geöffnet. Miriam kauft das erste Eis in diesem Jahr. Vanille und Schokolade mag sie besonders gerne. Sie sitzt auf der Wiese und schleckt ihr Eis. Ein Marienkäfer krabbelt an einem Grashalm hinauf. Miriam zählt die schwarzen Punkte auf seinem roten Rücken. Es ist ein Siebenpunkt. Zwei Rauchschwalben flattern über Miriams Kopf. Aus lehmigen Erdklümpchen und Grashalmen bauen sie ein Kugelnest unter dem Dach der Eisdiele. Bald werden kleine Schwalbenkinder aus den Vogeleiern schlüpfen. Die ersten Mückenschwärme schwirren in der Sonne. Was macht Sally? Miriam lacht. Sally dreht sich im Kreis und springt in die Luft. Sie will Mücken fangen. Ob sie eine erwischt?

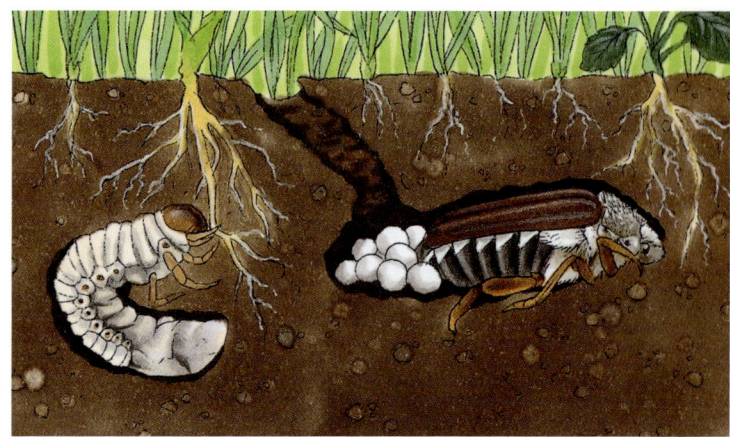

Maikäfer entwickeln sich sehr langsam. Ihre Verwandlung vom Ei zum Käfer hat vier Jahre gedauert. Mit ein wenig Glück kannst du im Mai einen frisch geschlüpften Maikäfer aus der Erde krabbeln sehen.

Maiglöckchen duften stark. Sie sind sehr giftig. Du solltest sie nicht pflücken.

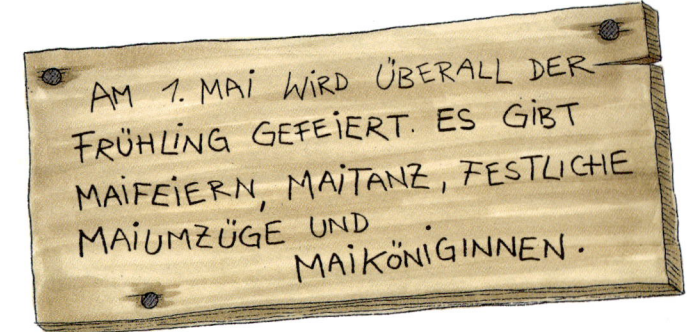

AM 1. MAI WIRD ÜBERALL DER FRÜHLING GEFEIERT. ES GIBT MAIFEIERN, MAITANZ, FESTLICHE MAIUMZÜGE UND MAIKÖNIGINNEN.

Es wird Sommer

Glühwürmchen

Es ist ein sonniges Juni-
wochenende. Miriam
hat Kathrin und Felix
zum Übernachten einge-
laden. Die roten und schwarzen Johannisbeeren sind
reif. Die Kinder pflücken die Johannisbeeren vom
Strauch. Zusammen wollen sie Muffins backen. Felix
steckt sich eine rote Johannisbeere in den Mund. Er
verzieht das Gesicht und ruft: „Die sind aber sauer!"
Miriam lacht: „Warte ab, gebacken mit Zucker schmecken sie himmlisch!"
Die Kinder laufen auf nackten Füßen durch den
Garten. Miriam schlägt ein Rad. Kathrin übt einen
Handstand. Felix macht Purzelbäume auf dem Rasen.
Am Abend ist es noch herrlich warm. Es will nicht
dunkel werden. Die Kinder machen mit Mama, Papa
und Sally einen Abendspaziergang durch den Wald.
Die Blüten der Sommerlinden verströmen einen süßen
Duft. Die Nachtigall trällert ihr schönstes Lied.
Am Wegrand stehen viele Pusteblumen. Es sind die
Fruchtstände vom Löwenzahn. Die Kinder pusten die
vielen kleinen Samenschirmchen durch die Luft. Auf
einer Waldlichtung findet heute ein Johannisfeuer statt.
In dieser Nacht wird die Sonnenwende gefeiert, der
längste Tag und die kürzeste Nacht des Jahres. Als es
dunkel geworden und das Feuer heruntergebrannt ist,
springen die Kinder mit Anlauf über die heiße Glut.
„Das ist ein alter Brauch und soll Glück bringen", sagt
Bauer Hansen. Die Kinder entdecken im Dunkeln
zwischen den Bäumen viele kleine Lichter. „Wenn die
Glühwürmchen tanzen, müssen kleine Kinder ins
Bett", lacht Mama. Glühwürmchen heißen auch Johan-
niswürmchen. Im Juni halten sie Hochzeit. Alle, die hier
leuchten, sind Männchen.

„Wie schön die grünen Lichter sind!", staunt Kathrin.
Sie versucht ein Glühwürmchen zu fangen. Eine Fleder-
maus flattert durch den Wald. „Die fliegt aber schnell",
staunt Felix. „Fledermäuse können fliegen, sie sind
aber keine Vögel, sondern Säugetiere", sagt Papa auf
dem Nachhauseweg.
Das Zelt steht aufgebaut im Garten. Müde krabbeln die
Kinder in ihre Schlafsäcke hinein. Miriam hört im
Schlaf ein Käuzchen rufen: Hu-u, hu-u-u! Oder hat sie
es nur geträumt?

Fledermäuse sind nachtaktive Tiere. Sie senden im Flug sehr hohe Schreie aus, die wie ein Echo wirken – so finden sie nachts ihren Weg und ihre Beute. Ihre Schreie sind für Menschen nicht hörbar.

Der Waldkauz ist unsere häufigste heimische Eule. Sein Ruf ist ein Revier- und Balzgesang. Käuzchen rufen auch im Flug.

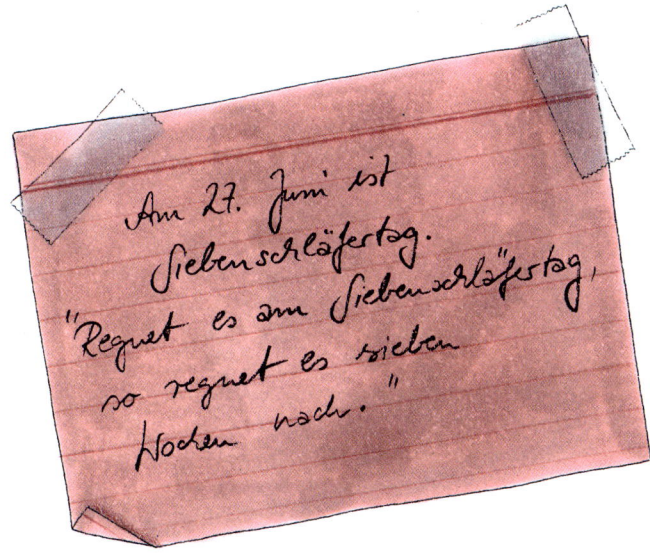

Am 27. Juni ist Siebenschläfertag.
"Regnet es am Siebenschläfertag, so regnet es sieben Wochen nach."

Bunter Gartensommer

Ringelblume

Kathrin und Felix liegen in der Hängematte unter den alten Obstbäumen. Vom wolkenlosen blauen Himmel scheint die heiße Julisonne. „Hier im Schatten ist es schön!", sagt Kathrin. Die Blumen im Garten leuchten in bunten Farben: Die Heckenrosen blühen rosa, zwischen dem tiefblauen Rittersporn blüht der knallrote Mohn. „Ich mag am liebsten die gelben und orangen Blumen", sagt Felix. „Sie heißen Mädchenauge und Ringelblume, Miriam und ich haben sie selbst gesät", sagt Kathrin. Ein Schmetterling schaukelt durch die Luft. Er setzt sich auf eine Ringelblume und klappt seine Flügel zusammen. „Wo sind seine schönen Farben geblieben? Er ist auf einmal ganz braun", wundert sich Felix. Da öffnet der Schmetterling seine Flügel. „Ein Kleiner Fuchs!", sagt Mama.

Kathrin schnuppert am violetten Lavendel. „Das riecht so gut." „Ein paar Blüten kannst du abschneiden und mit in dein Zimmer nehmen", schlägt Mama vor. Sie bringt eine Schüssel mit dicken roten Kirschen. Kathrin und Felix lassen sich die süßen Früchte schmecken. „Wollen wir Weitspucken spielen?", fragt Felix. Mit dicken Backen spucken sie einen Kern nach dem anderen ins Beet.

Im Gemüsebeet hat Felix viele Raupen entdeckt. Sie sind blaugrün, haben gelbe Streifen und schwarze Punkte. „Die haben unsere Kohlrabiblätter angeknabbert, überall sind Löcher!" „Die Raupen wollen auch mal so groß und stark werden wie du", sagt Mama. „Bald verwandeln sie sich in Kohlweißlinge."

Miriam klettert im Badeanzug über den Zaun.

„Sollen wir zusammen ins Planschbecken gehen?", ruft sie. Blitzschnell sind Kathrin und Felix umgezogen und springen zusammen ins Wasser.

„Wollt ihr die Beete mit dem Planschwasser gießen?", fragt Mama. „Auch unser Garten freut sich über eine kleine Erfrischung!"

In Gärten und auf wilden Wiesen fühlt sich der Kleine Fuchs wohl. Er ist ein „Nesselfalter", denn er legt seine Eier an Brennnesseln ab. Die Brennnessel hat feine Härchen, die beim Berühren die Haut anritzen und eine Brennflüssigkeit verspritzen. Wenn du die Härchen vom Blattrand zum Stängel hin streichst, verbrennst du dich nicht!

Ein Tag am Wasser

Frosch

An einem heißen Julitag machen Kathrin und Felix mit Anne und Stefan, Annes Mann, eine Paddeltour auf dem Waldsee. Anne ist Kathrins Lieblingstante. Langsam gleiten die Boote durch das Wasser. Am Ufer blühen dicke gelbe Sumpfdotterblumen. Eine Stockente mit ihren flauschigen Küken schwimmt vorbei. „Eins, zwei, drei … sie hat sieben Kinder", zählt Felix. Über die Seerosenblätter mit ihren großen weißen Blüten läuft ein seltsamer schwarzer Vogel, beinahe so groß wie eine Ente. Er hat einen weißen Strich auf der Stirn. „Das ist ein Blässhuhn", sagt Stefan. „Die Seerosenblätter sind so stark, dass es darauf herumspazieren kann."

Libelle

Vor Felix paddelt ein Haubentaucher. „Wohin ist er verschwunden?", fragt Felix und beugt sich dabei weit aus dem Boot. Sofort fängt das Boot an zu schaukeln.

Bauernregel: Wenn der Frosch im Wasser versinkt, kommen Wind und Regen bestimmt!

„Der Haubentaucher taucht ganz unter Wasser, um Futter zu suchen. Beinahe wärst du auch ein Haubentaucher geworden", lacht Anne.

Im Schilf leben viele Tierarten. Sie suchen dort Schutz oder einen Platz zum Brüten. Deshalb solltest du den Schilfgürtel an Seen und Teichen nicht betreten.

An einem flachen Kiesstrand ziehen sie die Boote an Land. „Pause!", ruft Stefan. Erlen und Silberweiden stehen am Ufer. Die Zweige einer Trauerweide hängen ins Wasser. Das Schilf raschelt im warmen Sommerwind. Eine große blaue Königslibelle schwirrt über das Wasser. Sie hat hauchdünne, durchsichtige Flügel. „Sie sieht aus wie ein kleines Flugzeug", sagt Kathrin. Felix hat am Rande des Schilfs zwei kleine grüne Wasserfrösche mit braunen Flecken aufgescheucht. Zu gerne möchte er einen Frosch in die Hand nehmen. Doch da sind die beiden schon zwischen den Seerosenblättern im Wasser verschwunden.

Auf dem Rückweg sehen sie am Ufer einen großen grauen Vogel mit einem spitzen gelben Schnabel stehen. „Ein Graureiher!", ruft Kathrin.

Blitzschnell fährt auf einmal sein Schnabel ins Wasser. „Schau mal!", ruft Kathrin, „Jetzt hat er einen Fisch gefangen." Am Himmel sind dunkle Wolken aufgezogen. In der Ferne hören Kathrin und Felix den Donner grollen. „Jetzt aber schnell nach Hause!", sagt Stefan. Wenig später bricht ein kräftiger Gewitterregen los.

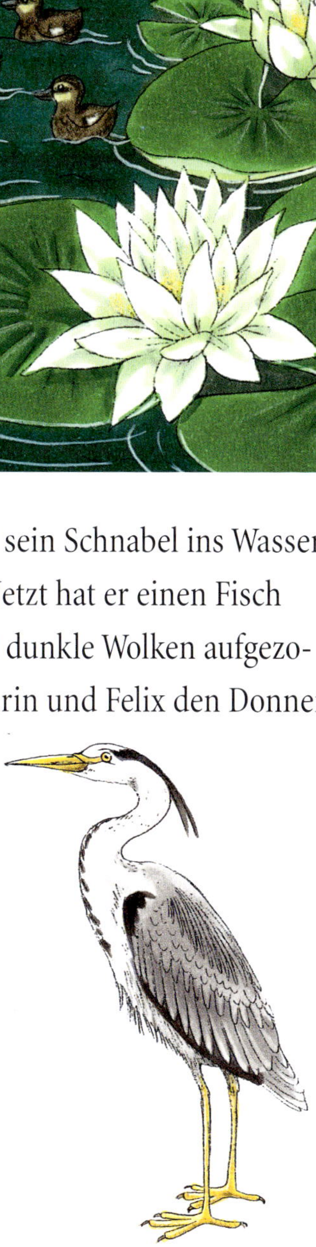

Der Graureiher steht im flachen Wasser und lauert dort bewegungslos, bis er einen Fisch entdeckt hat.

Sommerurlaub am Meer

Muscheln

Endlich Ferien! Miriam fährt mit ihrer Familie an die Nordsee. Sie wohnen in einem kleinen Fischerdorf. Ein Fischkutter kommt in den Hafen gefahren. Er hat frische Fische und Krabben gefangen. Viele Lachmöwen mit schwarzen Köpfen fliegen hinter dem Fischerboot her. Miriam sitzt auf der Hafenmauer. Sie beobachtet eine Lachmöwe und wirft ihr ein Stück Brot zu. Mit ihrem roten Schnabel fängt die Möwe es im Flug. Die Schiffssirene heult. Es ist Flut, das Meerwasser steigt. Gleich kann es losgehen.

Sie wollen mit dem Fährschiff auf eine Insel fahren. Viele Passagiere gehen an Bord. Miriam findet einen Sitzplatz auf dem Sonnendeck. Der Himmel strahlt blau. Die Sonne brennt heiß. Mama reibt Miriam mit Sonnenmilch ein, damit sie keinen Sonnenbrand bekommt. Das Meer ist sehr ruhig, das Schiff gleitet sanft durch die Wellen. Kurz vor der Insel entdeckt Miriam eine große Sandbank im Meer. Viele Seehunde liegen dort schläfrig im Sand. Miriam schaut durch Papas Fernglas: „Ich kann kleine Robbenkinder sehen! Sind die niedlich!", ruft Miriam begeistert.

Auf der Insel gibt es einen langen Strand mit feinem Sand. Dahinter liegen die Dünen. Am Strand ist viel los.

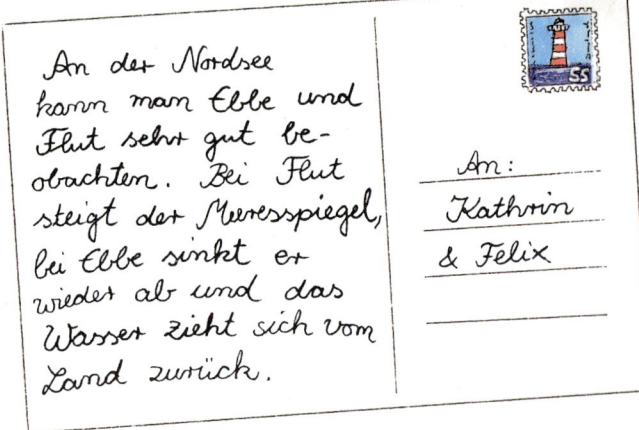

An der Nordsee kann man Ebbe und Flut sehr gut beobachten. Bei Flut steigt der Meeresspiegel, bei Ebbe sinkt er wieder ab und das Wasser zieht sich vom Land zurück.

An:
Kathrin
& Felix

Robben sind Meeressäugetiere. Im Sommer bringt das Robbenweibchen an Land ein Junges zur Welt. Robben können sofort nach der Geburt schwimmen und tauchen. Sie ernähren sich von Fischen.

Strandkörbe und Sonnenliegen mit bunten Sonnenschirmen stehen im Sand. Mama sonnt sich. Miriam geht mit Papa im Meer baden. Sally tollt in den Wellen. Im Sand findet Miriam gerippte Herzmuscheln, rote und gelbe Plattmuscheln und blaue Miesmuscheln. Zusammen mit Jonas baut Miriam eine große Sandburg. Es ist Ebbe. Vorsichtig klettern die beiden über die glitschigen, grünbewachsenen Steine am Steindamm. Mit dem Kescher angeln sie im Wasser kleine durchsichtige Nordseegarnelen. Miriam fängt eine große Strandkrabbe. Sie sammeln alle Krebse in einem Eimer mit Meerwasser und lassen sie wenig später

wieder frei. Miriam kauft eine Postkarte mit einem Robbenbaby. Sie schreibt Kathrin und Felix: Schöne Grüße von der Nordsee.

Die durchsichtigen Meeresquallen solltest du nicht anfassen. Manche Quallen brennen auf der Haut.

Sommerurlaub in den Bergen

Heuschrecke

Anfang August machen Mama, Kathrin und Felix Urlaub in den Bergen. Sie wohnen auf einem Bauernhof. Der Bauer hat seine Wiesen gemäht und lässt das geschnittene Gras in der Sonne trocknen. „Wie gut das Heu duftet!", sagt Mama. Am nächsten Morgen stehen Kathrin, Felix und Mama früh auf. Die Berggipfel liegen noch in Wolken, aber es wird sicher ein sonniger Tag. Sie fahren zur Talstation der Seilbahn. „In meinem Bauch kribbelt es", sagt Kathrin, als sich die Gondel in die Luft hebt. Die Seilbahn schwebt über Baumwipfel und eine tiefe Schlucht. „An der Mittelstation steigen wir aus", sagt Mama. „Bis oben sollen wir laufen?", stöhnt Felix. „Wir sind doch Bergsteiger!", rufen Mama und Kathrin.

Im Sommer können in den Bergen im Lauf des Tages Gewitter entstehen, auch wenn der Tag mit strahlendem Sonnenschein begonnen hat.

Der Weg führt über eine Almwiese, auf der Kühe mit bimmelnden Glocken grasen. Am Wegrand wiegen sich Alpenröschen, Glockenblumen, Arnika und Zittergras im Wind. Sie überqueren einen gluckernden Bach. Kathrin und Felix kühlen ihre Hände in dem klaren, kalten Wasser. Das Gipfelkreuz ist schon zu sehen. Nach einem letzten steilen Anstieg lassen sich Kathrin und

Felix erschöpft ins Gras fallen. „Geschafft!", rufen sie. Auf dem Gipfel pustet ein kräftiger Wind. Zum Glück haben sie warme Pullover eingepackt. Von hier oben können sie weit schauen.

Die Bachforelle lebt in klaren, schnell fließenden Gebirgsbächen. Beim Wandern kannst du sie in Höhen bis zu 2500 m entdecken.

Die Gipfel der umliegenden Berge sind ganz nah. Unter ihnen breiten sich Felder, Seen und Wälder aus. Im flachen Gras hüpfen und zirpen braune und grüne Heuschrecken um die Wette. Dazu reiben sie ihre Vorderflügel oder Hinterbeine aneinander. Über ihnen kreisen schwarze Vögel. Es sind Alpendohlen. Eine Dohle hüpft ganz zutraulich neben den Kindern her. „Dieser Frechdachs!", schimpft Felix. „Jetzt hat er mir ein Stück von meinem Apfel gemopst."

Im August ist Sternschnuppenzeit. In der klaren Bergluft kannst du vom Nachthimmel viele Sternschnuppen fallen sehen.

Herbstzauber

Kastanie

Buchecker Eichel

Im September sind die Ferien zu Ende. Auf den Feldern haben die Bauern das Getreide geerntet. Am Himmel scheint die Sonne durch ein paar Wolkenlücken. Die Nacht war kühl. Der Rasen ist nass vom Tau. „Es riecht nach Herbst", sagt Mama. In der Brombeerhecke hängen reife dunkle Beeren. „Mh!", sagt Felix und steckt sich eine besonders dicke in den Mund.

UM DEN 23. SEPTEMBER IST HERBSTANFANG. DIE SONNE SCHEINT JETZT JEDEN TAG CA. 3 MINUTEN WENIGER UND VERLIERT AN WÄRMENDER KRAFT.

Zwischen den Brombeerranken hat eine Kreuzspinne ihr Netz gebaut. Im Garten entdecken Kathrin und Felix noch mehr Spinnennetze. „Wenn es Herbst wird, findet man besonders viele. Die Spinnenweibchen legen jetzt ihre Eier", sagt Mama. „Geht doch noch mehr Herbst suchen", sagt sie. Gemeinsam mit Miriam, ihrer Mutter und Sally gehen sie in den Stadtpark. Ein Windstoß fegt Kastanien, Eicheln, Bucheckern und die ersten Blätter von den Bäumen. Sally bellt laut. „Der Herbst wirft mit Früchten", kichert Kathrin. Miriam hebt eine Bucheckernschale auf. „Fühlt mal", sagt sie, „außen ist sie rau und innen glatt und weich." „Die Samen der Bucheckern könnt ihr essen", sagt Miriams Mutter. „Sie schmecken nussig." Mit einer Eichel im Schnabel hüpft ein Eichelhäher vom Baum. „Willst du

uns beim Sammeln helfen?", fragt Felix. Der Eichelhäher hält seinen Kopf schief und schaut Felix an. „Er

Pilze wachsen auf Wiesen und Feldern, in Parks, Gärten und im Wald. Zum Wachsen brauchen sie Feuchtigkeit und Wärme. Pilze solltest du nur mit jemandem sammeln, der sich gut auskennt. Vielleicht findest du dann Maronen, Pfifferlinge oder Steinpilze.

vergräbt seine Eicheln lieber als Wintervorrat im Laub", erklärt Miriams Mutter. Im Moos entdecken Kathrin und Miriam Pilze. „Hier stinkt es!", sagt Kathrin. „Das kommt von den Stinkmorcheln. Mit ihrem

Gestank locken sie Mistkäfer an", sagt Miriams Mutter. Felix klettert über einen dicken Baumstamm. An einer Stelle ist die Rinde abgeplatzt. Felix hebt das Rindenstück hoch. „Was krabbelt denn hier?", ruft er. Unter der Rinde sitzen Tausendfüßler, Asseln und Springschwänze. „Diese kleinen Tiere sorgen dafür, dass Äste, Holz und Blätter zerkleinert werden. Es entsteht feine krümelige Erde, die viele Nährstoffe enthält", erklärt Miriams Mutter. „Der Herbst schickt viele Wolken!", sagt Kathrin. „Diese da sieht aus wie Sally!", ruft Miriam und zeigt zum Himmel.

Der Siebenschläfer zieht sich ab Ende September in eine Erdhöhle zurück und beginnt seinen Winterschlaf. Wusstest du, dass er erst im Mai wieder aufwacht?

Erntedank

Kürbisse

Am ersten Wochenende im Oktober wird Erntedank gefeiert. Es regnet. Kathrin, Felix und Mama gehen zum Hofladen von Bauer Hansen. Sie wollen Pflaumen, Kürbis und Kartoffeln kaufen. An der Ladentür hängt ein Plakat. Darauf steht: Erntedankfest am Sonntag auf dem Hansen-Hof! „Kommt ihr auch zum Kartoffelfeuer?", fragt Frau Hansen. „Der Regen wird hoffentlich wieder aufhören."

Am Sonntag sind viele Leute auf dem Bauernhof. Frau Hansen hat auf einem Strohballen einen bunten Erntetisch mit bunten Kürbissen, Äpfeln, Maiskolben und weiteren Herbstfrüchten gedeckt. „Wer sammelt mit mir Kartoffeln für das Kartoffelfeuer?", fragt sie. Auf dem Kartoffelacker sind viele kleine Kartoffeln liegen geblieben.

Sally springt übermütig um die Kinder herum. „Mein Korb ist voll!", sagt Miriam, da hat Sally ihn schon umgestoßen. Am Himmel fliegt ein Vogelschwarm. Wie ein „V" fliegen die Vögel hintereinander her. „Das sind Wildgänse", sagt Kathrin. „Sie fliegen nach Süden, ehe es ihnen hier zu kalt wird." Ein Junge hat seinen Drachen mitgebracht. Im frischen Herbst-

In den Weinbergen werden jetzt die Trauben geerntet. Zur Weinlese brauchen die Weinbauern viele Helfer. Wusstest du, dass Trauben von Hand gepflückt werden?

wind steigt der Drache hoch in den Himmel hinauf und zerrt kräftig an der Leine. „Vielleicht möchte er auch nach Süden fliegen", sagt Felix.

Als es dunkel wird, zündet Bauer Hansen das Feuer an. „Wie schön das Feuer knistert", sagt Miriam. „Mir ist ganz warm", sagt Kathrin. In der Glut des Feuers garen Kartoffeln. Felix piekst eine Kartoffel mit dem Stock auf. „Ist sie jetzt endlich fertig?", fragt er. Mama streicht ihm Kräuterbutter auf die heiße Kartoffel und sagt: „Hier, du kleine Kartoffelnase!" Miriams Vater hat seine Gitarre mitgebracht. Im Schein des flackernden Feuers singen sie zusammen Lagerfeuerlieder.

Wenn du Glück hast, kannst du auf dem Feld jetzt den Feldhamster sehen. In seinen Backentaschen trägt er Vorräte in den Bau. Seinen Winterschlaf unterbricht er manchmal, um etwas zu fressen.

Gartenzeit im Herbst

Walnuss

Nach den verregneten Tagen spielen Kathrin und Felix im Garten. „Helft ihr mir?", fragt Mama. „Ich muss Blätter fegen und Frühlingszwiebeln pflanzen." „Es ist doch Herbst!", sagt Kathrin überrascht. „Unsere Frühlingsblumen machen Winterruhe in der kalten Erde. Nur dort finden sie Kraft zum Blühen", sagt Mama. Sie holt einen Korb mit Blumenzwiebeln aus dem Haus. „Die braunen hier möchte ich einpflanzen", sagt Felix. Mama sticht Löcher ins Beet und Felix drückt Tulpenzwiebeln in die Erde. Kathrin gießt vorsichtig Wasser auf die Zwiebeln. „Schlaft schön!", sagt sie.

Am letzten Tag im Oktober wird Halloween gefeiert. In manchen Gegenden gehen gruselig verkleidete Kinder abends in Gruppen von Tür zu Tür und bekommen Süßigkeiten geschenkt.

Im Beet entdecken Kathrin und Felix mehrere Erdhügel. „Schau mal, Mama!", rufen sie. „Hier hat ein Maulwurf gebuddelt." Im Apfelbaum hängen die letzten rotbackigen Äpfel. Mama holt die Leiter. Kathrin klettert ein paar Stufen hinauf und pflückt die Äpfel. „Machst du uns Apfelpfannkuchen?", fragt Felix. „O ja", sagt Kathrin, „mit viel Zimt und Zucker!" Auf der Wiese harkt Felix mit seinem Rechen das Laub zusammen. Da raschelt es. Vor seinen Füßen rollt sich ein Igel zu einer stacheligen Kugel zusammen. Mama und Felix schichten die Blätter zu einem Berg auf. „Das wird ein gemütliches Bett für den Igel. Da kann er ungestört seinen Winterschlaf halten", sagt Mama. Das Gartentor quietscht. Opa Willi trägt einen Eimer mit grünen, glatten Früchten in den Garten. „Was hast

du da?", will Felix wissen. Opa holt sein Taschenmesser
aus der Hosentasche und schneidet die grüne Hülle
auf. Darunter kommt eine hellbraune runzelige Frucht
zum Vorschein. „Das ist eine Walnuss!", ruft Kathrin.
„Wer hat die denn eingepackt?"
Opa lacht. Kathrin bricht die Walnussschale mit einem
Stein auf. Die Walnüsse sind innen weiß mit einem
dünnen Häutchen. Kathrin und Felix knibbeln das bit-
tere Häutchen mit den Fingernägeln ab. „Die frischen
Nüsse schmecken mir gut", sagt Kathrin. „Du kannst
sie auch trocknen lassen", sagt Opa. „Sie halten sich
lange."

Elstern findest du in Parks und Gärten. Sie fressen gerne Walnüsse.
Um an den leckeren Kern zu gelangen, lassen sie die harte Nuss
aus ihrem Schnabel auf den Boden fallen.

Herbstlaub kannst du gut als
Winterschutz auf Blumen- und
Gemüsebeete streuen. Auch
Insekten finden dort einen Unter-
schlupf für die Winterruhe.

Wenn es draußen dunkel wird

Ahornblatt

Es ist ein grauer Novembertag. Miriam hat einen Korb Eicheln und Kastanien für die Tiere im Wildpark gesammelt. Der Tierpfleger Kai füttert die Wildschweine. Mit ihren scharfen Zähnen zerbeißen sie die Eicheln. Sie lassen sich die öligen Früchte mit lautem Schmatzen und Grunzen schmecken. „Wildschweine paaren sich im Herbst", sagt Kai. „Sie können dann manchmal sehr wild werden." Das Herbstlaub raschelt unter den Füßen. „Schaut mal, wie bunt die Blätter sind!", ruft Miriam. Sie hebt ein knallig rotes Ahornblatt vom Boden auf. „Weißt du, warum die Blätter im Herbst bunt sind?", fragt Kai. „Wenn der Sommer zu Ende geht, wird in den Blättern am Baum kein Blattgrün mehr gebildet. Dann kommen die orangen, roten und gelben Farben der Blätter zum Vorschein, bevor die Blätter abfallen." Miriam entdeckt einen verlassenen Ameisenhügel. „Die roten Waldameisen haben sich in die unterirdischen, frostsicheren Bereiche ihres Ameisenhügels zurückgezogen", erklärt Kai. Ein lautes Röhren ertönt im Wald. Miriam hält sich vor Schreck die Ohren zu. „Das ist unser Rothirsch", lacht Kai. „Komm mit, vielleicht können wir ihn im Hirschgehege sehen." Tatsächlich, ein großer Rothirsch mit prächtigem Geweih steht auf der Lichtung. „Im Herbst ist Brunftzeit. Da sucht der Rothirsch eine Frau und röhrt von früh bis spät", sagt Kai.

BAUERNREGEL:
SITZT IM NOVEMBER NOCH FEST
DAS LAUB, WIRD DER WINTER
HART, DAS GLAUB.

Bereits am Nachmittag wird es langsam dunkel. Die Luft ist kühl und feucht. Vom Erdboden steigt Nebel auf. Miriam greift Mamas und Papas Hand: „Alles sieht so gruselig aus."

Zu Hause bastelt Miriam mit Mama eine Gespensterlaterne für das St. Martinsfest. Sie bekommt große glühende Augen aus gelbem Transparentpapier. Vor dem Schlafengehen wandert Miriam mit ihrer Laterne singend durch das ganze Haus. Sie wagt sich sogar alleine in den dunklen Keller und singt laut: „Laterne, Laterne, Sonne, Mond und Sterne."

Waldameisen bauen große Nester, die tief in die Erde reichen. Wenn es Herbst wird, ziehen sie sich in die unteren, wärmeren Bereiche des Nestes zurück.

Am 11. November ist Martinstag. Zur Erinnerung an den heiligen Martin gibt es einen Laternenumzug durch die dunklen Straßen mit Martinsfeuer und Mantelteilung.

Ein Adventstag

Anfang Dezember ist es draußen frostig und kalt. Die Laubbäume sind kahl. Ihre Äste ragen in den grauen Winterhimmel. Auch an den Sträuchern sind keine Blätter mehr. Nur der Ilex mit seinen glänzenden grünen Blättern trägt leuchtend rote, für den Menschen giftige Beeren. Wegen seiner stacheligen Blätter wird er auch Stechpalme genannt. Im Haus ist es warm und gemütlich.

Aus dicken Zwiebeln kannst du im Warmen die Amaryllis zum Blühen bringen. Sie wird auch Ritterstern genannt.

Gleich nach dem Aufwachen packen Kathrin und Felix ihre Päckchen am Adventskalender aus. „Glitzerfolie zum Sternebasteln!", freut sich Kathrin. Felix steckt sich ein paar Marzipankartoffeln in den Mund. Im Zimmer hängt der Adventskranz. Die erste Kerze brennt, es duftet nach Tannengrün. „Advent ist schön", sagt Kathrin.

Mit Miriam backen sie Weihnachtsplätzchen. Felix sticht Tannenbäume aus, Miriam Sterne. Kathrin steckt ihren Finger in den Schokoladenguss. „Hm, das schmeckt so weihnachtlich!", freut sie sich. „Gut, dass ich Sally zu Hause gelassen habe", sagt Miriam. „Sie ist ein richtiges Schleckermaul. Heute Morgen hat sie mir die Schokolade aus meinem Adventskalender gemopst." Mama kommt mit einem kahlen Zweig aus dem Garten. Sie stellt ihn in eine Vase. „Ein Barbarazweig von unserem Apfelbaum", sagt sie.

„Hier im Warmen wird er bis Weihnachten blühen."

Es wird schon früh dunkel. Gemeinsam mit Miriams Eltern gehen sie zum Weihnachtsmarkt. Es beginnt zu schneien. Alle haben sich warm angezogen. „Wie schön der Abendstern leuchtet", sagt Mama. „Es ist bestimmt der Weihnachtsstern", ruft Felix. Die Buden sind mit Tannengrün und Lichterketten geschmückt. Es duftet nach Glühwein und gebrannten Mandeln. An einem Stand schnitzt eine Frau aus einem kleinen Stück Holz ein Schaf. „Können wir zwei Schafe für unsere Krippe kaufen!", betteln Kathrin und Felix.

Zu Hause putzen Felix und Kathrin ihre Stiefel, bis sie

Die kleinen braunen Zaunkönige versammeln sich an kalten Winterabenden manchmal mit ihren Artgenossen in verlassenen Nestern, um sich zu wärmen.

glänzen. Sie stellen sie in den Hausflur. Kathrin hüpft ausgelassen auf einem Bein und singt: „Lasst uns froh und munter sein …"

„Ich kann es gar nicht abwarten, bis der Nikolaus kommt!", seufzt Felix.

Der Planet Venus ist nach der Sonne und dem Mond der hellste Himmelskörper. Er strahlt noch einige Zeit nach Sonnenuntergang als Abendstern im Westen und ist morgens im Osten zu sehen.

Winter in Wald und Feld

Eichhörnchen

Miriam stapft mit ihren dicken Winterstiefeln durch den weiß gefrorenen Tannenwald. Zusammen mit Mama, Papa und Sally sucht sie einen Weihnachtsbaum aus. Jeder Baum sieht anders aus. Der eine ist in die Breite gewachsen und hat blaue Nadeln. Es ist eine Blautanne. Der nächste ist groß und schlank gewachsen und hat grüne Nadeln. „Das ist eine Fichte", erklärt Bauer Hansen. „Unser Weihnachtsbaum soll grün sein und duften!", sagt Miriam und schnuppert an der Fichte: „Au, die piekst ja!", jammert sie und reibt ihre Nasenspitze. Ein Eichhörnchen springt aus dem Baum. Hungrig ist es aus seinem Winterschlaf erwacht und knabbert an einem Fichtenzapfen. Es lässt sich die Samen in aller Ruhe schmecken. Miriam streicht über einen Baum mit grünen, weichen Nadeln. Mitten im Geäst entdeckt sie eine braune Feder. Da erzählt Bauer Hansen: „Stell dir vor, unser Huhn Henriette hat in diesem Jahr ihr Nest unter dieser Nordmanntanne gebaut. Sechs Küken sind hier geschlüpft."

„Diesen Weihnachtsbaum möchte ich haben", sagt Miriam glücklich.

Miriam staunt über die frostige Landschaft im Sonnenschein: „Wie schön das glitzert! Die Weihnachtsengel haben Puderzucker gestreut!" Ein Schwarm Saatkrähen macht sich über die Wintersaat her. Sie picken mit ihren kräftigen Schnäbeln in der Erde und versuchen, ein paar Weizenkeimlinge im gefrorenen Boden zu ergattern. Ein Hase hoppelt über das Feld. Er hat einen vergessenen Kohlkopf gefunden und sich satt gefressen. Was ist da über das Feld gehuscht? War das ein Hermelin? Es ist mit seinem weißen Winterfell kaum zu erkennen. Miriam hat Mitleid mit den kleinen Vögeln. Sie sitzen in einer langen Reihe eng aneinander gekuschelt auf einer Stromleitung. Ob sie frieren?

„Das glaube ich nicht", sagt Papa „Vögel können ihre Federn mit Luft aufplustern. An kalten Tagen tragen sie einen wärmenden Wintermantel aus Federn und Luft." Miriam staunt.

Wenn sich die Samen aus den Fichtenzapfen lösen, findet der Fichtenkreuzschnabel genügend Nahrung. Er beginnt schon im Winter zu brüten.

Kennst du einen Nadelbaum, der im Herbst seine Nadeln abwirft? Es ist die Lärche. Sie steht im Winter als einziger Nadelbaum ohne Nadeln im Wald.

Festliche Weihnachtszeit

Christrose

Am Weihnachtsmorgen gibt es noch einiges zu tun. Miriam denkt an die Vögel im Garten. „Auch die Vögel sollen wissen, dass Weihnachten ist", sagt sie. Ein Gimpelmännchen mit rot leuchtendem Gefieder hängt kopfüber in der Eberesche und erntet die letzten orangefarbenen Vogelbeeren. Miriam legt einen reifen Apfel unter das Futterhäuschen, den mögen die Amseln besonders gerne. Für die Meisen, Finken und Spatzen, die nicht in den warmen Süden geflogen sind, streut sie Sonnenblumenkerne, Haferflocken, Haselnüsse und Leinsamen ins Futterhäuschen. Als einzige Blume blüht jetzt die Christrose im Garten. Papa gibt Miriam noch eine Hand voll Rosinen: „Süße Rosinen mögen Rotkehlchen besonders gerne. Mal sehen, ob uns eins besuchen kommt."

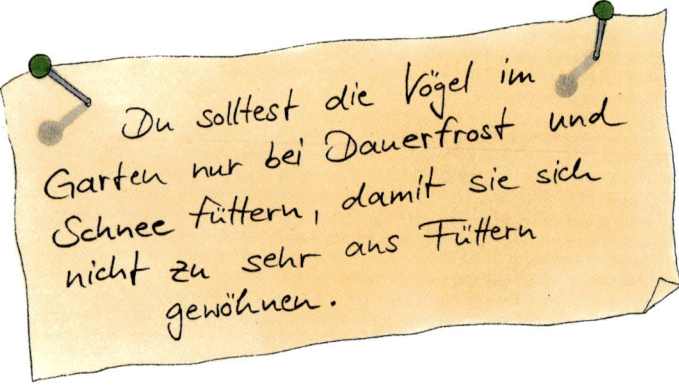

Du solltest die Vögel im Garten nur bei Dauerfrost und Schnee füttern, damit sie sich nicht zu sehr ans Füttern gewöhnen.

Papa trägt den Weihnachtsbaum ins Haus. Die Tannenspitze reicht bis zur Decke. Papa kümmert sich um die Lichterkette. Miriam schmückt den Baum mit roten Glaskugeln und mit gebastelten Papieräpfeln. Mama hängt Strohsterne in den Weihnachtsbaum und Miriam wickelt eine rote Himmelskette um die Zweige.

Die braune Feder vom Huhn Henriette schwebt an einem goldenen Faden über der Weihnachtskrippe. Wo ist nur der Esel geblieben? Eben war er doch noch im Karton!
Es ist dunkel geworden. Der Heilige Abend ist da. In der Kirche wurde ein Krippenspiel aufgeführt. Miriam singt: „Stille Nacht, heilige Nacht … schlaf in himmlischer Ruh! War das Christkind schon bei uns?", fragt sie. Das Weihnachtsglöckchen bimmelt. Überall brennen Kerzen, es duftet nach Tannengrün, Kerzenwachs und Lebkuchen. Schön verpackte Geschenke mit roten Schleifen liegen unter dem Weihnachtsbaum.
Sally trägt auch ein Geschenk ins Weihnachtszimmer.

Sie legt dem Jesuskind den verloren gegangenen Esel mit einem angeknabberten Ohr vor die Weihnachtskrippe. Alle lachen.
„Fröhliche Weihnachten!", ruft Miriam und tanzt mit Sally um den Weihnachtsbaum.

Der Winter beginnt am 21. Dezember. Es ist Wintersonnenwende. In der dunkelsten Zeit des Jahres, wenn alles draußen ruht und schläft, soll dich der strahlende, grüne Tannenbaum an den wiederkehrenden Frühling erinnern.

Ein frohes neues Jahr

Schneekristall

Miriam, Kathrin und Felix feiern Silvester. Sie formen Glücksschweinchen aus rosa Marzipan und spielen Pantoffelwerfen. Kathrin wirft ihren Hausschuh über den Kopf in den Hausflur. Der Schuh zeigt mit der Spitze zur Haustür: Kathrin wird im neuen Jahr verreisen. Felix Schuh bleibt mit der

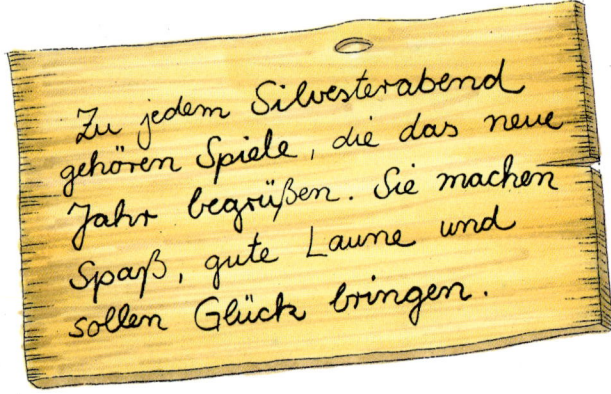

Zu jedem Silvesterabend gehören Spiele, die das neue Jahr begrüßen. Sie machen Spaß, gute Laune und sollen Glück bringen.

Sohle nach oben liegen: Er kann sich über Glück freuen. Miriams Hausschuh zeigt ins Haus: Sie wird viel Besuch bekommen … Um Mitternacht beginnt die Silvesterknallerei. Sally hat sich in ihr Körbchen verkrochen. Die Kinder werfen Knallerbsen auf die Straße. Sie halten Wunderkerzen in den Händen.

Die bunten Feuerwerksraketen strahlen am Himmel. Alle wünschen sich ein frohes neues Jahr.

In der Neujahrsnacht hat es geschneit. Die Kinder ziehen ihre Schlitten in den kleinen Tannenwald. Miriam versteckt sich hinter einem Baum. Als Kathrin kommt, rüttelt sie an einem Tannenzweig und ruft: „Glücksdusche für Kathrin!" Kathrin ist über und über mit Schnee bedeckt. Felix entdeckt eine Spur im Schnee. Er sieht, wie sich die Abdrücke einer Tierpfote wie eine Perlenschnur aneinander reihen. „Das war ein Fuchs!", ruft Felix begeistert. „Füchse treten mit den Hinterpfoten in die Abdrücke der Vorderpfoten hinein."

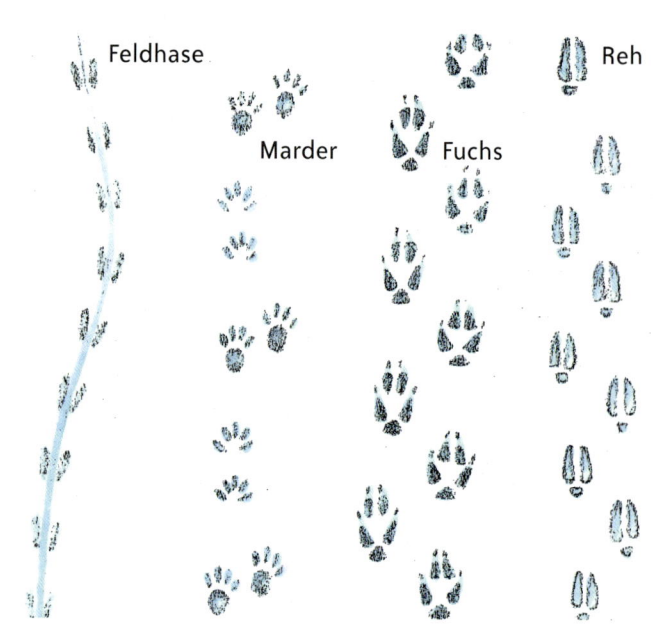

Feldhasenspuren im Schnee erkennst du an großen Zickzacklinien. Die Trippelspur einer Spitzmaus endet plötzlich im Schnee, wenn sie im Erdloch verschwunden ist. Hufspuren vom Reh findest du in Waldrandnähe.

Es beginnt wieder zu schneien. Kathrin fängt eine Schneeflocke auf ihrem Handschuh: „Ratet mal, wie viele Zacken eine Schneeflocke hat?" Sie spielen Schneeflockenforscher und fangen so viele Schneeflocken, bis sie die Antwort wissen. Alle Schneeflocken haben sechs Zacken.

Am 6. Januar ziehen die Sternsinger von Haus zu Haus. Sie singen: „Wir kommen daher aus dem Morgenland, wir kommen geführt von Gottes Hand. Wir wünschen euch ein fröhliches Jahr, Kaspar, Melchior und Balthasar." Mit Kreide schreiben sie einen Haussegen an die Eingangstür und sammeln Geld für arme Kinder. Den dunklen König Melchior erkennt Miriam an der Stimme. Das kann nur der wilde Lukas aus der Nachbarstraße sein.

Am Dreikönigsfest ziehen Kinder als Sternsinger verkleidet von Haus zu Haus.

Winterspaß

Haselnusskätzchen

Der Februar ist frostig und kalt. Papa liegt krank im Bett. Er hat Fieber und Husten. Es gibt frischen Obstsalat mit Apfelsinen, Äpfeln, Bananen und Ananas. Süße Ananas mag Miriam besonders gerne. Sie pickt heimlich ein paar Stücke aus der Obstschüssel. Dann bringt sie Papa einen Teller Obstsalat ans Bett und wünscht ihm gute Besserung.

Miriam geht mit Kathrin und Felix Schlittschuh laufen. Auf dem Stadtparkteich ist das Schlittschuhfahren erlaubt. Ein Mann von der Stadt prüft das Eis jeden Tag. Erst wenn das Eis zu tauen beginnt, bleibt die Eisfläche gesperrt. Das Schilfgras am Ufer ist weiß gefroren und kleine Eiszapfen hängen von den gebogenen Halmen herunter. An den Ästen des Haselnussstrauchs wachsen schon kleine Kätzchen. Ein paar Schneeglöckchen recken ihre weißen Köpfchen neugierig der Februarsonne entgegen. Kathrin und Miriam nehmen Felix an die Hand. Doch bald schliddert Felix auch alleine über das glatte Eis. Kathrin dreht eine Pirouette und Miriam übt rückwärts fahren. Am Teichrand stehen ein paar Stockenten auf dem Eis. „Warum frieren die Enten nicht auf dem Eis fest?", wundert sich Miriam.

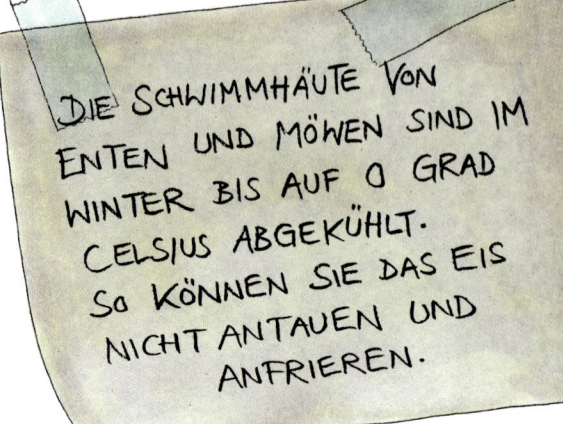

DIE SCHWIMMHÄUTE VON ENTEN UND MÖWEN SIND IM WINTER BIS AUF 0 GRAD CELSIUS ABGEKÜHLT. SO KÖNNEN SIE DAS EIS NICHT ANTAUEN UND ANFRIEREN.

An Fastnacht (Karneval) soll die schlafende Erde geweckt und der Frühling herbeigelockt werden. Groß und Klein verkleidet sich und an manchen Orten finden Umzüge statt.

Der Karnevalszug zieht mit lauter Musik durch die Straßen, um den Winter zu vertreiben. Süßigkeiten und Blumen werden von Narren in lustigen Verkleidungen auf die Straße geworfen. Konfetti und Luftschlangen fliegen durch die Luft. Clowns mit bunten Perücken, Teufel, Indianer, Cowboys, Tiger und Piraten lachen, singen und tanzen fröhlich auf der Straße. Kathrin und Felix sind als Prinz und Prinzessin verkleidet.
Sie stehen auf dem Prinzenwagen und winken Miriam zu. Sie werfen ihr eine große Tüte Popcorn in die Arme. Miriam hat sich als Hexe verkleidet. Sie wedelt mit ihrem Zauberstab und ruft einen Zauberspruch:
„Wide, wade, Zauberschreck, langer Winter geh hinweg! Wide, wade, Zauberei, lieber Frühling komm herbei!"

Der Zitronenfalter ist ein Kältekünstler. Er überwintert bei Schnee und Frost in Winterstarre an einem Ast.

Einbandgestaltung und Produktion:
Weiß – Graphik & Buchgestaltung, Freiburg
Alle Rechte vorbehalten – Printed in Germany
© Kerle im Verlag Herder, Freiburg im Breisgau 2005
www.kerle.de
Verlag Herder GmbH, D- 79080 Freiburg
Druck und Einband: Himmer, Augsburg 2005
ISBN 3-451-70643-1